CATALOGUE D'ESTAMPES

DE

l'École Française du XVIIIe siècle

PORTRAITS

Pièces historiques

(Révolution, Empire, Restauration)

EAUX-FORTES MODERNES

ŒUVRES DE

Louis LEGRAND, F. ROPS, WHISTLER

Dont la vente aux enchères publiques aura lieu

HOTEL DES COMMISSAIRES-PRISEURS, Rue Drouot, n° 9.

SALLE N° 7

LE VENDREDI 9 MARS 1900

à 2 heures précises

PAR LE MINISTÈRE DE :

Me MAURICE DELESTRE. Commissaire-Priseur
5, Rue St-Georges.

Assisté de M. LOYS DELTEIL, artiste graveur, expert
67, Rue Ste-Anne.

PARIS 1900

CATALOGUE
D'ESTAMPES

DE

l'École Française du XVIIIe siècle

PORTRAITS

Pièces historiques

(Révolution, Empire, Restauration)

EAUX-FORTES MODERNES

ŒUVRES DE

Louis LEGRAND, F. ROPS, WHISTLER

Dont la vente aux enchères publiques aura lieu

HOTEL DES COMMISSAIRES-PRISEURS, Rue Drouot, n° 9.

SALLE N° 7

LE VENDREDI 9 MARS 1900

à 2 heures précises

PAR LE MINISTÈRE DE :

Me MAURICE DELESTRE, Commissaire-Priseur
5, Rue St-Georges.

Assisté de M. LOYS DELTEIL, artiste graveur, expert
67, Rue Ste-Anne.

PARIS 1900

CONDITIONS DE LA VENTE

Elle sera faite au comptant.

Lee acquéreurs paieront *cinq pour cent* en sus des adjudications.

M. Loys Delteil, chargé de la vente, remplira les commissions que voudront bien lui confier les personnes ne pouvant y assister.

MM. les amateurs pourront visiter la collection, *67, Rue Ste-Anne, du Lundi 5 Mars au Jeudi 8 inclus, de 9 h. à 3 h.*

DÉSIGNATION

ESTAMPES

Adresse

1 — *Au Parachute des Dames et Botterie de l'Enigme, Magasins pour les Dames...* adresse avec légende surmontée d'une vignette sur bois par D. (Duplat)? Très belle épreuve. Rare.

Alix (P. M.)

2 — Le Vacher de Charnois, d'après Violet. In-8. Superbe épreuve impr. en couleurs.

Almanachs

3 — *La Solennelle ambassade du roy de Siam au Roy,* (Louis XIV), almanach pour l'année MDCLXXXVII (1687). Grand in-fol., en deux pl. jointes. Belle épreuve Rare.

4 *Les Heureux fruits de la Paix...* almanach pour l'année 1688? Grand in-fol. en 2 pl. jointes. Epreuve doublée, l'almanach a été enlevé.

5 — *La lotterie chimérique d'Ausbourg ou chacun met du sien sans profit,* almanach pour l'an de bissexte MDCXCII (1692). Grand in-fol., en 2 pl. jointes. Belle épreuve. Rare,

6 — Almanach de Cabinet, encadrement orné surmonté du médaillon de Louis XV, d'après Poisson. In-4. Superbe épreuve avant la lettre, au milieu du cadre.

7 — Calendrier Napoléon pour l'an 1822. Deux p., in-4 Très belles épreuves.

Amérique (Estampes relatives à l')

8 — Mort du Gal de Montcalm par Martini, d'après L. Watteau. Belle épreuve.

9 — Bataille de Bunker-Hill — Mort de Montcalm à Québec — Prise du Cap par l'armée française — Trois p., in-fol., par G. Nordheim, Chevillet et Lebeau.

10 — Le Général Lafayette. Onze portraits différents par Massard, de Mayr, Lefebvre, Pauquet et anonymes. Belles épreuves.

11 — Portraits : Hopkins — Isr. Putnam — Franklin — Cte d'Estaing — G. Elliot, etc. — Bataille de Québec. Vingt-six p. in-4 et in-fol., par B. L. Prevost, Pétroncini, Morret, Tardieu et autres, trois relatives à la Pologne. Belles épreuves, une impr. en couleurs.

Aubertin (François)

12 — Louis XVIII. Petit in-fol. Très belle épr., impr. en couleurs. Rare.

Bartolozzi (F.)

13 — Bacchanalian Nymph, d'après Angelica Kauffmann 1784. Ovale in-4. Belle épreuve impr. en couleurs.

Baudouin (d'après P. A.)

14 — Les Amants surpris, par Harleston (E. B. 4). Très belle épreuve à grandes marges.

15 — Les Amours champêtres, par Harleston (E.B. 8). Très belle épreuve à grandes marges.

16 — Le Coucher de la Mariée, par Moreau le jeune et Simonet (E.B. 16). Très belle épreuve avec marges.

17 — L'Enlèvement nocturne, par N. Ponce (E. B. 20). Bonne épreuve, marges.

Benjamin-Constant

18 — En vue de Tanger — Souvenir de Tanger — Prisonniers Marocains se désaltérant — Une Porte à Tanger — Prisonnier Marocain. Six belles épreuves, trois avant la lettre.

Besnard (A.)

19 — Tête de négresse. Eau-forte originale In-8. Très belle épreuve su papier ancien.

Boilly (d'après L.)

20 — Réunion d'Artistes, par A. Clément. In-fol. Belle épreuve, avec la pl. au trait donnant les noms des personnages. Deux p.

Boizot (Marie-Louise-Adélaïde)

21 — Louis XVI, 1775 — Artois (Ch. Phil., Cte d'), 1776 Madame (Marie-Josephe-Louise, Ctesse de Provence). Trois p. in-4, d'après L. S. Boizot. Belles épreuves.

Bonnet (L. M.)

22 — Les Grâces servies par les Amours, d'après J.B. Huet Belle épreuve impr. en couleurs.

23 — Vénus enflammée par l'Amour, d'apr. J. B. Huet. Belle épreuve impr. en couleurs.

Bosse (Abraham)

24 — Cérémonie observée au contrat de Mariage passé à Fontainebleau le 25 sept. 1645 (G.D. 1223). Belle épr.

25 — Le Bal (G.D. 1400). Belle épreuve.

26 — Les quatre Eléments — L'Enfant prodigue Le Sculpteur, etc. Dix pièces. Belles epreuves.

Boucher (d'après)

27 — L'Education de l'Amour, par Demarteau. In-fol. Très belle épreuve impr. en sanguine, marges.

28 — La Rêveuse. In-fol. Belle épreuve marges (*A Paris chez Beauvarlet*).

Briceau, Legrand et Mixelle

29 — Catherine Vassant de Noyon, âgée de XX ans — Joseph Arné, Grenadier, âgé de 26 ans, d'après Beauvais. Deux p. Très belles épreuves, impr. en couleurs,

Buhot (Félix)

30 — Paysage (G. Bourcard 39) — Forêt (42) — Quatre Anes dans un pré (54) — Cacoletière assise (58) — Le Couvre-feu (66) — Pluie et Parapluie (68) — Le poëte Li Taï-Pé, pl. signée : *Tohub* et *non décrite*. Sept p. Belles épreuves.

Canu (J. D. E.)

31 — Testament de Louis XVI — Testament de Marie-Antoinette — Mlle d'Artois, enfant, tenant un panier de Fleurs — Louis XVIII et sa Famille — Les Princes Alliés — L'Héroïne Française (Dsse d'Angoulême) — Violettes du 20 Mars 1815, etc. Dix p. in-8 et in-4, plusieurs coloriées. Très belles épreuves.

Carmontelle (d'après L. C. de)

32 — Bachaumont (L. Petit de), par Houel (P. et B. 2) — Trudaine de Montigny, 1761 (25). Deux p. Belles épr.

Carolus-Duran, Duez et **J. Lefebvre**

33 — La Madeleine — Splendeur — Souvenir de voyage — Croquis à la campagne. Huit très belles épreuves, quatre avant la lettre.

Carpi (Hugo da)

34 — David coupant la tête à Goliath, d'après Raphaël (B. 8). Très belle et rare épreuve du 2e état avant que le nom du graveur ait été enlevé.

Cathelin et **Saint-Aubin** (Augustin de)

35 — Louis XV, allégorie d'apr. F. Boucher (E. B. 144) — Orléans (L. P., duc d'), d'apr. C. N. Cochin (202) — Louis XVI — Provence (M. J. Lse de Savoie, Ctesse de), d'après Drouais. Quatre p. in-4. Très belles épreuves, la 2e avant la lettre.

Charon

36 — Poniatowski, d'après Aubry. In-fol. Belle épr., impr. en couleurs.

37 — Bouclier Français : Arcole, Marengo, Waterloo — Le Mai d'Amour, ronde parisienne pour l'anniversaire de la rentrée de Louis XVIII à Paris — Fidélité et dévouement — La Garde royale est là, couplets chantés au Banquet de la Garde Royale, 5 fév. 1816. Six pièces, trois relatives à Louis XVIII et dédiée à la Garde Nationale. Très belles épreuves coloriées.

Chemins de fer (Estampes sur les)

38 — Vue du Viaduc à Borrette près d'Aix-la-Chapelle, 1829, lith. par N, Ponsart de Malmedy — Notions sur le Chemin de fer. Deux p., in-fol. Très belles épreuves.

Chevillet (Juste)

39 — Le Bon exemple — Mlle sa Sœur. Deux p. in-fol., d'après Heillmann, faisant pendants. Très belles épr. avec marges (tache à la 2e pièce).

40 — La Santé portée — La Santé rendue. Deux p., in-fol. d'après G. Terburg. Très belles épreuves, marges.

41 — Joseph II. Belle épreuve avant toutes lettres.

Cochin fils (Ch. Nic.)

42 — Décoration du Bal masqué pour le mariage du Dauphin. 1745 — Pompe funèbre de la Reine de Sardaigne. Deux p., in-fol. en largeur. Très belles épreuves, la 2e avant toutes lettres.

Cochin fils (d'après Ch. Nic.)

43 — Monument érigé à Louis XV, à Reims, 1765, par Moitte. In-fol. Belle épreuve.

Coiffures (Estampes sur les)

44 — *Coëffure aux Charmes de la liberté, chez Depain, Rue St-Honoré.* Très belle épreuve. Rare.

45 — Coiffure à la belle Poule — Bonnet à la Glaneuse — Baigneuse à la Frivolité. Trois p., in-8. Belles épreuves.

46 — Coiffures de Femmes. Neuf petites p., ovales par F. Janinet. Belles épreuves impr. en couleurs.

Costumes

47 — Habits fantaisistes de Plombier, de Serrurier, de Layettier, de Monnoyeur, etc. Vingt-huit p. de l'époque Louis XIV. Belles épreuves à toutes marges.

48 — Anjou (Philippe de France duc d') — Nourrice du duc d'Anjou — M^ise de Florensac — Duc de Berry. Huit pièces par N. Arnoult, Mariette et Hecknauer. Belles épreuves.

49 — *L'Elégant Cœffure de Dames allant au grand Salon* — *Le Chevalier en habit de Campagne* — *Le Marquis allant au Balle* — *Le Garson de Boutique, en habit. à la Polonnoise* — *Le lorgneur séduisant...* — *Dame en belle Matineuse...* (n° 253) Six p. in-8 et in-4, deux d'après Watteau fils. Très belles épreuves.

50 — *C'est incroyable, ma petite paole d'honneur....* par Le Campion, 1797 — *Quoy a pied Citoyenne...* Deux p., in-8, sur les *Incroyables*. Très belles épr.

51 — Costumes des Représentants du Peuple Français. Frontispice et vingt-et-une planches, par P. M. Alix, d'après Garney. Très belles épreuves, coloriées.

52 — Merlin, Membre du Directoire exécutif (chez Bonneville) — Costume des membres du Directoire, par Chataignier — Grenadier à Cheval de la Garde Royale et Lancier de la Garde Royale, par Alexis. *Gardes d'honneur en grand costume formés à Nantes pour la réception du Grand Napoléon.* Cinq p., in-4. Très belles épreuves, coloriées.

53 — *Grand Habit de sa Majesté l'Impératrice Joséphine le jour du Couronnement,* par Pauquet, d'apr. Isabey. - *Joséphine... revêtue de ses Habits impériaux* (chez Basset) — Habit de Cérémonie de l'Impératrice le jour de son Couronnement (chez Basset). Quatre p., Très belles épr., trois coloriées.

Crépy

54 — Louis XIV (2 p^ts^ différents) — Louis XV — Orléans (Mme la douairière d') — Conti (P^sse^ de) — Bourgogne et du Maine (ducs de) — Toulouse (Cte de). Neuf p., in-8 et in-4. Très belles épreuves.

Daullé (Jean)

55 — Mignard (Catherine, comtesse de Feuquière, d'après P. Mignard. In-fol. Belle épreuve : la gorge est recouverte de traits de plume.

56 — Là Peleuse de Pommes — La Riboteuse Hollandaise. Deux p. in-fol., d'après Metzu, faisant pendants. Très belles épreuves gr. marges.

Daullé, Patas et Gaillard

57 — Orléans (Louis, duc d'), d'après Ch. Coypel — Avénement de Louis XVI et de Marie-Antoinette au trône de France — Périn, secrétaire du maréchal de Belle-Isle, d'apr. Revel, 1748. Trois pièces, Très belles épreuves.

Debucourt (P. L.)

58 — Retour des Champs, d'après C. Vernet (M. Fenaille 408). Très belle épreuve, coloriée.

Delaroche (Paul)

59 — *A Fight in higt street Edimburgh* 1828. Lithographie originale. Belle epreuve sur chine. Rare.

Desboutin (Marcellin)

60 — Mme Desboutin tenant un chien blanc (H. B. 3) — Hipp. Babou (11) — Cadart (78). Trois p. Belles épr., une signée.

61 — Le Repos de Bébé (Mme Desboutin et son enfant — Alfred Cadart — Portrait de jeunes Garçons — Homme en pied — Cinq pointes sèches. Belles épreuves, deux avant toutes lettres.

Descourtis (C. M.)

62 — Le Jeune Darrudder, tambour âgé de 14 ans à l'affaire de Fougères (Vendée), d'apres Swebach-Desfontaines. Petit in-fol. Belle épreuve impr. en couleurs.

Descourtis (attribué à C. M.)

63 — Scène pastorale. In-fol. Très belle épreuve impr. en couleurs, avant toutes lettres.

Desrais (d'après)

64 — Joseph Chalier, par la *Cit^e Montaland.* Ovale in-4. Très belle épreuve impr. en couleurs.

65 — J. P. Marat, par la *Cit^e Montaland.* Ovale in-4. Très belle épreuve impr. en couleurs. Rare.

Drevet père et fils (Pierre)

66 — Dombes (L. A. de Bourbon, P^ce de), d'apr. F. de Troy — Cisternay du Fay (C. J. de) — Le Blanc (Claude), d'apr. A. Le Prieur. Trois p. Très belles épreuves.

Duplessis-Bertaux (J.)

67 — La Bienfaisance ingénieuse (Elléviou aux Champs-Elysées). Deux très belles épreuves, l'une à l'état d'eau-forte pure.

École Anglaise

68 — *My Faither...*, par Bareuil, d'apr. Bunbury — *Zelica indignée de la hardiesse du faquir* — *La Belle Etrangère empoisonnée par sa Sœur.* Trois pièces, ronde et ovales, impr. en bistre et en couleurs.

Eisen père (d'après F.)

69 — La Jolie Charlatane, par L. M. Halbou — La Folie du du Siècle, par Mme Dupuis. Deux p. in fol. Très belles épjeuves, marges,

Ex-Libris

70 De Champflour — Ladisl. à Kollonitz — Pont de Romémont — Fleuriac — Delafaye — L. Le Couteulx — de Labartie — Marin — F. Rizzo — J. G. C. Franck — Cte de Serans — C. R. Lelong — F. Routy — de Lamothe F. Perrault — J.P. G. Grumet — J. C. Seyringer — Deu de Chambon — P. P. Artaud — Toustain — de St-Maurice (3 différents), etc. Soixante-onze pièces. Belles épr. plusieurs rares.

71 — St-Ange — Suzanne Chasethsfer — W. T. Drexel — d'Ossum — Maria Pasta — Cte Damas d'Anlezy — Dutertre — Le Febvre du Grosrier — Cte Vimar — H. du Rosnel, etc., etc. Deux-cent cinquante belles épreuves, plusieurs doubles.

72 — Ex-Libris anciens et modernes. Environ deux-cent-soixantes pièces, Belles épreuves.

Fêtes (Estampes sur les)

73 — Illumination à l'Hôtel de Bouillon, à l'occasion de la naissance du Dauphin — Feu d'Artifice tiré à Paris sur la Seine (21 janvier 1730) — Feu d'Artifice à Meudon (3 sept. 1735) — Illumination de la Rue de la Ferronnerie, 1739 — Illumination du Louvre (25 août 1682), etc. Vingt-quatre pièces. Très belles épreuves, plusieurs rares.

Gaillard (R.)

74 — Prusse (Lse Ulrique, Pcesse de) reine de Suède, d'apr. Latinville. In-fol. Belle épreuve, tachée.

Gaucher (Charles-Etienne)

75 — Briquet (Fortunée), d'après Mlle de Noireterre (P. et B. 29) — Cambefort, d'apr. Bornet (33) — Vergennes (Cte de), d'apr. Callet (151) — Villette (Ch.), 1792 (153). Quatre p., in-8. Très belles épreuves.

Gautier

76 — Le rustique amoureux — La Paysanne industrieuse. Deux p., ovales in-fol., faisant pendants. Belles épr.

Gautier-Dagoty

77 — Henri IV — Louis XIII — Louis XIV — Louis IX, Dauphin — Stanislas Leckzinski — J. Astruc — Chevert Cte de Caylus — Philippe d'Orléans, régent. Neuf p., in-4. Très belles épreuves.

Gavarni

78 — Gavarni (M. et E. B. 34, 2e état) — Mélingue (49, 1er état) — Monnier (H.). (51, 2e état et 52, 4e état) — Mélanie Waldor (72, 4e état). Six p, Belles épreuve2 sur chine.

79 — Villenave (M. G. T.), 1839 (M. et E. B. 70). Très belle épreuve.

80 — Le Bal Musard (Paris). Sujets divers et Titres de romances. Trente pièces, la plupart sur chine.

Gill (André)

81 — Bergeret, général de la Commune, 22 mars 1871 — Castioni à l'Hôtel-de-Ville, 26 mars 1871. Deux lith., fort rares. Très belles épreuves sur chine.

82 — Butte Montmartre : Un fédéré gardant un canon, 19 mars 1871 — Bastion 88 (Porte d'Italie). Deux lith., fort rares. Belles épreuves sur chine.

Greuze (d'après J. B.)

83 — L'Accordée de Village, par J. J. Flipart, 1770. Grand in-fol. Belle épr. avec les noms des artistes *manuscrits* au verso.

84 — La petite Fille au chien par Porporati. In-fol. Très belle épreuve avant l'adresse de Chaise, marges.

Guérin (d'après J.)

85 — Mirabeau, par G. Fiesinger (1793. Belle et rare épr. du 1erétat, avec l'encadrement sur fond vert.

86 — Andreossy — Desaix — Kléber — Lecourbe — Regnier Cinq p., ovales par Fiesinger, Cardon, B. Roger et E. Herhan. Belles épreuves, une avant l'adresse.

Himely

87 — Réception du Commandant de la Favorite par un Mandarin Cochinchinois. In-fol. Trés belle épreuve, coloriée, toutes marges.

Isabey (par et d'après J. B.)

88 — Sophie Gail, 1819 — La reine Hortense — Marie-Louise ? — G[al] d'Albignac — F. Thomas. Cinq p. Belles épreuves.

Janinet (J. F.)

89 — Vues de Paris : Cloitre des Capucins — Place Royale Jardin des Tuileries — Les Invalides — La Monnaie — Val de Grâce — Palais-Bourbon — Sorbonne — Ste-Chapelle. Douze p., in-4. Très belles épr., impr. en couleurs, grandes marges.

Jazet (J. P. M.)

90 — Mme la Baronne de Staël-Holstein, d'apr. P. L. Bourrier. Pièce in-4 de forme ronde. Superbe épr. Rare.

91 — La Vie champêtre — Les Amants surpris à l'abreuvoir — La petite Famille revenant du travail. Trois p., in-4. Belles épreuves impr. en couleurs.

Jean (à Paris chez)

92 — Louis XVIII, 6 portraits différents — Marie-Thérèse-Charlotte — Angoulême (duc et duchesse d'). Neuf p., in-4. Très belles épreuves, coloriées.

Jeaurat (d'après Etienne)

93 — Le Berger constant — Le Garçon jardinier. Deux p., in-fol., par N. Dufour, faisant pendants. Trés belles épreuves (tache à la 2e pièce).

Jeux (Estampes sur les)

94 — Jeu de la Révolution Française. Très curieuse pièce in-fol. (*Se trouve à Paris, rue des Mathurins...*) Très belle épreuve coloriée. Fort rare.

95 — Jeu de la Révolution Française. Curieuse pièce in-fol. Belle épreuve coloriée, très rare.

Lagniet (J.)

96 — Les Proverbes. Cinquante-deux pièces in-4. Très belles épreuves.

Laurens (Jean-Paul)

97 — Les Enfants de J. P. Laurens (H. B. 2). Très belle épr. d'artiste, sur japon.

Le Blond (Jean)

98 — Gonzague (Marie de). Petit in-fol. Très belle épreuve Rare.

Le Clerc (Jean)

99 — Entrée d'Henri IV à Paris le 22 mars 1594 — Départ de la garnison espagnole de Paris. — Deux p., in-4., d'apr. N. Bollery. Belles épreuves. Rares.

Legoux (L.)

100 — Louis XVI, tout petit médaillon, d'apr. J. Boze. Très belle et rare épr., impr. sur soie.

Legrand (Louis)

101 — Beau Soir. Grande eau-forte tirée à 25 épreuves, avant la réduction du cuivre. Encadrée.

Le Prince (d'après J.B.)

102 — La Lettre envoyée. — La Lettre rendue. Deux p., in-fol., par N. De Launay, faisant pendants. Très belles épreuves, marges.

Leu (Thomar de) et **Rabel** (Jean)

103 — Hervet (G.), (R.D. 419, 1er état) — Le Blanc (Guil.), (433) — Nemours (H. de Savoie, duc de), (466) — Birague (Fl. de). Quatre pièces. Belles épreuves.

Levachez (attribué à)

104 — Soirée du 30 Juin 1789 au Palais-Royal. Petit in-fol. Très belle épreuve. Rare.

Levachez fils

105 — Bonaparte, 1er Consul. In-8. Très belle épreuve en couleurs. Rare.

Lingée (C.L. et Mme El.)

106 — Beaujon — Anonyme, d'après Ch. N. Cochin — Gertrude, victime de la Calomnie, d'apr. Mme Lingée. Trois p. in-4 et in-8. Très belles épr., impr., en bistre et en sanguine.

Louis XVI, la Révolution, l'Empire et la Restauration. (Estampes relatives à)

107 — Louis XVI, par Brookshaw et Bonnefoy et Duthé. Deux p., in-4. Très belles épreuves, la 2e impr., en couleurs.

108 — Marie-Antoinette, reine de France. Sept portraits par Le Beau, Nilson, Prieur, Wolch. Très belles épreuves.

109 — Louis XVI — Marie-Antoinette — Louis XVII — Marie-Thérèse-Charlotte, fille de Louis XVI. Douze p. par Macret, Schleich, Pierron et anonymes. Belles épreuves

110 — Corday (Charlotte). Quatre portraits différents par Tassært, Massol, Mariage et Roy. Belles épreuves.

111 — Huguenin (Sulpice), Président de la Révolution du 10 Août (1792), par Gerard d'apr. Mallet. Superbe épreuve. Rare.

112 — Necker, ministre de Louis XVI. Quatre portraits différents. Très belles épreuves.

113 — Dernière entrevue de Louis XVI avec sa Famille. — L'Heureuse réunion (Louis XVII réuni à sa Famille dans le ciel). Deux p., in-fol., anonymes, la seconde avant toutes lettres.

114 — *L'Oeuf à la Coque — Le Serment de réconciliation des trois Ordres — La réunion fait la Force.* Trois p., in-4 au lavis, relatives aux Trois-Ordres. Très belles épreuves impr., en bistre.

115 — Le Tiers-Etat confesseur — Ça n'ira pas, ça ira — Le Confesseur indulgent — Adoration des Patriotes — Le législateur la Resource — Cas des Assignats chez l'Etrangers — La Bascule patriotique — La Cour des pairs — Vox populi. Quatorze curieuses pièces. Très belles épreuves, rares.

116 — *Le Général la fayette... prend la Lune avec les dents — Epouvantail de la Nation — Le Sans tort — Départ du général parisien... — The Frogs who wanted a King — M. le Mis de La Fayette reçois des mains de le Prudence...* Six p., relatives au Gal Lafayette. Très belles épreuves.

117 — Confédération des Français à Paris (14 juillet 1790), par Gentot. Petit in-fol. Très belle épreuve

118 — Cérémonie funèbre en l'honneur du Général Hoche, le 10 Vendemiaire An VI, au Champ-de-Mars, par Girardet et l'Epine. In-4. Belle épreuve

119 — Louis XVII. Douze portraits différents par Hourdain, D. Orme, A. Gabrielli, Mansfeld, N. Heideloff, 1793, et anonymes. Très belles épreuves, trois avant la lettre, plusieurs coloriées.

120 — Scènes de la Révolution. Quarante-trois p., in-4 et in-fol. par Helman, Duplessis-Bertaux, Girardet, Bertault Koch, etc. Très belles épreuves, plusieurs avant la lettre

121 — Portraits, Scènes Historiques, Costumes. Cent-vingt-pièces relatives à Louis XVI, Louis XVII et Louis XVIII. Belles épreuves, plusieurs pièces rares.

122 — Enghien (L.A.H. de Bourbon-Condé, duc d'), portraits et allégorie, par Ant. Cardon, P.W. Tomkins, A. Legrand et anonyme. Cinq p., in-4. Très belles épreuves, une impr., en couleurs.

123 — Buonaparte, par Fiesinger d'apr. J. Guérin 1799. — *L'Aigle Impériale planant sur le globe offre à l'admiration et à l'amour des peuples Napoleon-le-Grand.... et Joséphine,* par Villeneuve, 1806 — Napoléon, par A. Tardieu, 1812. Trois p. Très belles épreuves, la dernière avant la lettre.

124 — Napoléon 1er. Neuf portraits in-8 et in-4 par Lehmann Payen, Canu, Massard, Perdriau, Dizambourg. Très belles épreuves, deux coloriées, plusieurs très rares.

125 — Marie-Louise, Impératrice. Trois petits portraits par Canu, Louis et Janet. Très belles épr., impr., en couleurs et coloriées.

126 — Marie-Louise, Impératrice. Six portraits par Boucher-Desnoyers, J. Mansfeld, Ralh, Millier et anonymes. Très belles épreuves, une avant toute lettre.

127 — Napoléon 1er, Jérôme, Joseph et Louis Napoléon, Eug. Beauharnais, Gd duc de Berg et leurs Épouses. Six p., publ., chez Noël. Belles épreuves coloriées.

128 — *Le Souhait accompli. Vive le Roi de Rome.* — *L'Hymen et Lucine... présente à la France l'Enfant qui comble son espérance..* — *Naissance du Roi de Rome* — *L'Enfant du Régiment* — *Je prie Dieu pour le Salut de la France...* — *Le Roi de Rome se promenant dans le parc de Schœnbrunn..* Portraits. Neuf pièces relatives au Duc de Reichstadt. Très belles épreuves, sept coloriées, plusieurs rares.

129 — Cérémonie du Baptême du Roi de Rome (9 juin 1811) *Promenade de S. M. le Roi de Rome, sur la Terrasse des Thuilleries.* Quatre curieuses pièces publ. chez Jean et Basset. Très belles épr., coloriées. Rares.

130 — *Arc de Triomphe, érigé par la Commune de St Cloud pour célébrer le retour de Sa Majesté.. après la paix de Tilsitt.* In-4 (chez la Vve Chereau). Très belle épreuve, coloriée.

131 — Voiture de la Cérémonie du Sacre de Napoléon 1er. — Calèche de leurs Majestés Napoléon 1er et de Marie-Louise. Deux p., in-4. Très belles épreuves, une coloriée

132 — Voyage dn 1er Consul en l'an XI dans les départements du Nord... — la France offrant la Couronne à Napoléon 1er — Napoléon 1er... accepte la Couronne d'Italie... — Entrevue de Niemen — *Arrivée de Marie-Louise à l'endroit où elle devoit être remise au Commissaire français...* — Naissance du Roi de Rome. Six curieuses pièces. Très belles épr.. quatre coloriées.

133 — Retour des Vainqueurs d'Austerlitz, d'Yéna... — L'Arrêt du Destin — Le Jeu des quatre Coins ou les cinq Frères — Les Laboureurs rendant hommage à la statue de l'Empereur — Les Grâces attachent des guirlandes au Buste de l'Impératrice Joséphine — Décoration du feu d'Artifice au Pont de la Concorde (15 août 1807) Entrée des Français à Moscou — Bataille de Paris. Dix p. Très belles épreuves, huit coloriées.

134 — Batailles de Wagram, Bautzen, Smolensk, Wurtchen Hambourg, Eylau, Moscou, Eylau, Majaïsk. etc. Vingt p., in-4, publ. chez Basset. Très belles épreuves, huit coloriées, plusieurs très rares.

135 — Batailles et Scènes historiques. Trente p. in-4, éditées à Nuremberg par F. Campe, et gravées par Nussbiegel, Fleischmann etc.

136 — Caricatures sur Napoléon 1er, publiées en Angleterre en Allemagne et en France. Vingt-quatre p., in-8 et in-4 Belles épreuves, coloriées, plusieurs très rares.

137 — *Hist Most Christian Majesty Louis 18th*, 1814. *Vive les Bourbons, Louis the XVIIIth* Louis XVIII et la dsse d'Angoulême. Deux p., rares par J.C. Stadler et Le Maseir, et un dessin in-fol., anonyme.

138 — La Famille Royale ou le Bouquet chéri — Fidélité et Douceur — Bouquet Royal — Aux braves morts pour la défense des lys — La Culture des Lys — Louis XVIII donnant l'Ordre de St Michel à la Sœur Marthe, etc. Onze p., relatives à Louis XVIII et à la Famille royales. Très belles épr., plusieurs impr. en couleurs ou coloriées

139 — *Entrée dans la ville de Paris, de S.A.R. Monsieur le Comte d'Artois... le 4 Avril 1814.* In-4. Très belle épreuve coloriée. (A Paris chez Jean).

140 — Départ des troupes Etrangères (1815) — suite de 4 p. — *La colère du ciel est enfin appaisée, nos Rois nous sont rendus.* — Il est passé — Portraits de Louis XVIII *Louis XVIII et son Auguste Famille considérant le Tableau des adieux de Louis XVI.* — La Culture des Lys — Ralliement des Français — Derniers moments de Louis XVIII.. etc. Treize pièces curieuses. deux imp. en couleurs.

141 — Louis XVIII et la Famille Royale de France. Vingt-cinq curieuses pièces par Canu et anonymes. Belles épr., la plupart coloriées, plusieurs impr. en couleurs.

142 — *Arrivée de Londres à Paris le 29 Mars 1816 du* **Bâteau à Vapeur l'ELISE,** *représenté* ***saluant le Château des Tuileries.*** In-4. Très belle épreuve. Rare.

143 — *Le Berceau Miraculeux, S.A.R. le duc de Bordeaux né le 29 7*[bre] ***1820 a 2 heures 1/2 du matin*** In-4. Très belle épreuve. Rare.

144 — Charles X. Dix portraits par Canu, A. Legrand, R. Decle, N. Bertrand, H. Cardon, Décrouant, Villeneuve. Très belles épreuves, six impr. en couleurs.

145 — Mgr le Duc d'Agoulême visitant une caserne, par J. Duplessis-Bertaux, 1816, — La D[sse] d'Angoulême complimentée par 144 Dames au Chateau des Tuileries 3 Mai 1814. — Liste des 144 Dames désignées pour la recevoir. — Arc-de-Triomphe élevé a l'entrée de la ville du Mans lors du passage de la D[sse] d'Angoulême (23 7bre 1823). Quatre p. Très belles épreuves.

146 — Scènes de la Révolution de Juillet 1830. Cinq pièces in-4. Très belles épreuves, coloriées.

147 — Louis-Philippe et la Famille Royale. Dix p., en pied et équestres publ. chez Jean, Bassét, Pillet et Vve Chevreau. Très belles épreuves, coloriées.

Maurin (Charles)

148 — Profil de Paysanne. Gravure sur bois au canif. Très belle épreuve, signée.

Méryon (Charles)

149 — L'Arche du pont Notre-Dame, 1853. In-8. Belle épreuve du 1er état, avec l'adresse de Méryon.

Moreau le jeune (J.M.)

150 — Fondation pour marier dix Filles, d'après H. Gravelot (E.B. 216). In-fol. Superbe épreuve à grandes marges.

Moreau le jenue (d'après J.M.)

151 — Exemple d'humanité donné par Mme la Dauphine (Marie-Antoinette), le 16 octobre 1773 (E.B. 98). Superbe épreuve à toutes marges.

Morland (d'après G.)

152 — *Dressing for the Masquerade* — *The Fair Penitent*. Deux p., in-fol., par Bartolotti. Belles épreuves coloriées

Nanteuil (Robert)

153 — Maridat (Pierre de). (R.D. 168). — Gilles Ménage (188) Deux p. In-8. Très belles épreuves.

Nattier (d'après J.M.)

154 — Flore à son lever (Lse Htte de Bourboa-Conti) — La Nuit passe, l'Aurore parait (Dsse de Chateauroux) Deux p., in-fol., par Maleuvre. Belles épreuves, la gorge des personnages recouvertes de traits de plume.

Paris (Estampes relatives à)

155 — Marche du Roy sur le Pont-Neuf — Plan, 1590 — Vues, par Flamen. Sept pièces.

156 — Vues générales ou partielles, Quatorze p., par N, Bocquet, Livens, Janinet et autres. Belles épreuves.

Pièces historiques

157 — Estampes relatives à l'Histoire de France depuis Henri III. Quarante pièces par Perrissin et Torterel, Luyken et autres. Belles épreuves.

Portraits

158 — *La Navarre en deuil* (Henri IV sur son lit de mort) — Arbre généalogique d'Henri IV — Marie de Médicis. — Louise de Lorraine — Montmorency (Hy duc de). Sept p., in-8 par Th. de Leu, J. le Clerc et autres. Belles épreuves.

158bis — Electeurs de Saxe — Savants de l'Académie de Leyde — Personnages italiens — Vie de Fréderic II, comte palatin, avec pts — Peintres et Sculpteurs Italiens, etc. Environ 350 portraits anciens en recueils.

159 — Louis XIV — Louis XV — Marie Leczinska — Scudéry — Mazarin, etc, Soixante-cinq p., par Nanteuil Poilly, Suyderhœf, Daret et autres. Bonnes épreuves.

160 — Marie-Antoinette, Dauphine (chez Desnos) — Madame, sœur du Dauphin (chez Volée) — Elisabeth (Mme), par Romanet et anonyme. Quatre jolis p., in-8 et in-4. Très belles épreuves.

161 — Mirabeau. Cinq portraits par Momal, Le Vachez, C. Houin et anonymes. Très belles épreuves, deux impr., en couleurs, et deux en bistre, rares pour la plupart.

162 — Révolution : H. Jessé — Freteau — Barnave — Barère — Rabaut-St-Etienne — Petion — Le Chapelier. — Necker — Cazalès — Mirabeau. Dix-neuf p., par Fiesinger et Vérité. Belles épreuves. une impr., en couleurs. plusieurs en bistre.

163 — Généraux : Dumouriez — *Hoche n'est Plus hélas !..* — Kléber — Pichegru. Cinq p., in-4, Très belles épreuves. Rares.

164 — Angoulême (Duc et Duchesse d'). Treize p., in-8 et in-4 par Villeneuve, Hourdain. Canu et autres. Très belles épreuves, six coloriées et deux impr. en couleurs

165 — Provence (Cte et Ctesse de) — Artois (Cte et Ctesse d') Six p., in-4 par E. Voysard, Hubert, R. Gaillard et Cathelin. Belles épreuves.

166 — Femmes : Marie-Thérèse Charlotte de France — Mme Necker — Chtte Elis. von der Recke — Ctesse Dubarry. — Mme Dupuy, Sept p. par Neidl, Lips, E. Henne, Bovinet, Pariset, etc. Très belles épreuves.

167 — Portraits anciens, par divers artistes. Quarante-une p., in-4 et in-fol. Belles épreuves.

Prudhon (P.P.)

168 — Le Directeur Réveillère, pape des Théophilantropes (E. de G. 5.) Belle épreuve d'une pièce très rare.

Pujos (d'après A.)

169 — J. Delile de Sales, par Vinsac. In-8. Superbe épreuve impr., en couleurs.

170 — Lenoir (J.Ch.P.), par Mme Lingée. — Letourneur, par C.L. Lingée, 1788. Deux p. In-4. Superbes épreuves la 1ere avant la lettre.

Quenedey (Edme)

171 — Corday (Charlotte), d'après Brard. Petite pièce ronde Belle épreuve impr. en couleurs. Très rare,

171bis — Barnave — Hérault de Séchelles — Pinel de la T. — Delorme — Cte de Barruel-Beauvert — Anonyme. Six petites p. rondes. Belles et rares épreuves, impr. en couleurs.

172 — Pigault Le Brun — Isoré (J.) — Richard de Ruffey — de Champeaux — Brunn-Neergaard — Dubois de Thainville (Mme) — West — Souillac (Cte de), etc. Dix-neuf p., in-12 er in-8. Très belles épreuves.

172bis — Baltin (S.) — Condan (M. de) — Tarade (Chr de). — Chabert (M. Mme et Mlle de) — Chimay (Mlle de) — Chatillon (Mise de) — Mirabeau — Gibert de Lisle — Masers de Latude — Valcourt (Mlle) — Sonneville (Mme de), etc. Vingt-et-une pièces. Très belles épreuves, deux impr., en couleurs.

Raffet (A.)

173 — Pillage de l'Archevéché (très rare) — Bataille d'Ayacucho — Retraite de Constantine, titre et pl. 3 — Prise de Constantine, pl. 6 — Vive la République ! — La Consigne — Etat-Major — Barricade de la Rue St-Antoine etc. Treize pièces. Bonnes épreuves.

Regnault (N.F.)

174 — J.J. de Sahuguet. Bon d'Espagnac. gouverneur des Invalides. d'apr. Lemoine. In-4. Très belle épreuve, imp. en couleurs. Rare.

Reynolds (d'après sir Joshua)

175 — *James Paine Architect, and James Paine Jun.r*, par Watson, In-fol. Très belle épreuve, marges.

Ribot (Théodule)

176 — Paysanne de l'Ukraine — Le Déjeuner du chat — L'Aide de cuisine — La recette du Cuisinier — Nature morte — Portrait d'Emile Cardon. Sept pièces. Très belles épr. deux avant la lettre sur japon, deux autres sur chine.

Rops (Félicien)

177 — L'Amour dominant le monde. Très belle épreuve sur papier hollande.

178 — La buée d'Automne en Ardennes. Superbe épreuve sur japon, signée.

179 — La Dame au carcel. Belle épreuve sur hollande.

180 — Le Doigt dans l'œil. Eau-forte. Très belle épreuve sur japon. signée.

181 — Les Exercices de dévotion de M. Henri Roch, frontispice (grande pl.). Belle épreuve sur japon.

182 — Mademoiselle de Maupin. Eau-forte. Très belle épreuve sur japon.

183 — Le Maillot. Belle épreuve sur japon.

184 — Planche d'ensemble de la Porteuse de poisson. Belle épreuve sur japon.

185 — La poupée du Satyre. Eau-forte. Belle épreuve sur japon. in-fol.

186 — Printemps. Belle épreuve in-fol., sur japon mince, signée.

187 — Le Roman d'une nuit, vernis-mou. Très belle épreuve sur japon, signée.

188 — Le Rydeack, vernis-mou. Belle épreuve sur japon

189 — Le Sphinx, frontispice des Diaboliques. Grande planche au vernis-mou. Très belle épreuve sur japon,

190 — Le Vice suprême, grande planche. Belle épreuve sur hollande, signée.

191 — La Vieille Kate, vernis-mou (grande pl.). Belle épreuve sur hollande.

Ruotte (L.C.)

192 — Marie-Antoinette, d'après Césarine F. Ovale in-4. Très belle épreuve impr., en couleurs.

Scheneau (d'après J.E.)

193 — Le petit Viseur, par Angèle Martinet. In-fol. Très belle épreuve, grandes marges.

193bis — Le Réveil maladroit — L'Espérance au Hazard. Deux p., in-fol., par N. Dupuis, faisant pendants. Très belles épreuves, grandes marges.

193ter — La Bonne amitié — Le Miroir cassé. Deux p., in-fol., par Chevillet. Très belles épreuves, les gorges des femmes recouvertes de traits de plumes.

194 — Les Intrigues amoureuses — Le petit Glouton. Deux p., in-fol., par L Halbou et J. Ouvrier. Belles épreuves, tachées.

Sergent (A.F.)

195 — Necker, d'apr. Duplessis. In-4. Belle épreuve impr., en couleurs.

196 — Louis XVI. — Beauharnais (A.F.M. Vte de). — Giraud-Duplessi, Trois p., in-4. Belles et rares épreuves avec l'entourage impr., en bistre, la dernière avant la lettre.

197 — *Convoi de très haut et très-puissant Seigneur des Abus*, 1789. In-fol. Très belle épreuve impr., en bistre, marges.

Silvestre (Israël)

198 — Vues de Paris et des Environs de Paris. Cent-vingt-cinq pièces. Très belles épreuves, quelques doubles; plusieurs pl., par J. Marot et Perelle.

Suisse (Vues de la)

199 — Vue du Lac de Vallenstad — Vue du Lac de Lauwatz Deux p., in-fol., par Troll, 1803. Très belles èpreuves impr.. en couleurs.

Thomassin

200 — Partie de l'incendie de la ville de Rennes, vue de la place du Palais. d'apr. Huguet. In-fol. Rare.

Trouvain (Ant.) et Habert (Nic.)

201 — Le Petit (Mme), 1697 (2348). Serment (Lse. Asie de), d'après J. Le Febure. Deux p., in-4. Très belles épreuves

Van Marke (Émile) et Brascassat

202 — Un coin d'herbage. — Mouton couché, pièce *non décrite* par N. Beraldi. Trois belles épreuves avant la lettre, une sur japon.

Weber (Fr.)

203 — *The Glorious Victory obta the French Flort Cythe Berlich.. Commond of Carl How* (duvant Ouerrant), juin 1794, In-fol. Belle épreuve en couleurs d'une pièce fort rare.

Whistler (J. M. N.)

204 — Liverdun (W. 4). In-8. Superbe épreuve avec la signature manuscrite de Whistler (un papillon).

205 — Chien au chenil (W. 8). In-s2. Très belle épreuve.

206 — *Little Arthur* (W. 13). Jolie petite pièce in-12. Très belle épreuve.

207 — Logement de chiffonniers, quartier Mouffetard (W. 17(. 1858. Superbe épreuve.

208 — Whistler dessinant, titre d'une suite d'eaux-fortes (W. 20). Très belle épreuve.

208 dis — La même estampe. Très belle épreuve, signée.

209 — *Reading by Eamplight* (Liseuse à la lampe). W. 25. In-8. Très belle epreuve d'une pièce rare.

210 — La Nourrice et l'Enfant (W. 34). In-8, Superbe épreuve sur japon mince.

211 — *Black Lion Warf*, 1859. (W. 40). In-4. Superbe épreuve sur japon mince.

212 — *The Pool*, 1859. (W. 41). In-4. Superbe épreuve sur japon mince.

213 — Thames Police, 1859. W. 42). In-4. Superbe épreuve sur japon, signée.

214 — *The Lime-Burner* (W. 44), Magnifique épreuve. avec la signature manuscrite (un papillon) du maître.

215 — Portrait de Becquet, sculpteur, jouant du violoncelle (W. 48). Superbe épreuve.

216 — Vènus, 1859 (W. 56). In-4. Superbe èpreuve. Rare.

217 — Wauxhall, Bridge, 1861 (W. 66). Superbe épreuve du 1er état.

218 — Seymour (lè Fils de Seymour Haden, appuyé contre un arbre). In-8. Trés belle épreuve.

219 — *The Mast* (Vue de Venise). (W. 160). Très belle épreuve. Rare.

220 — Bords de la Tamise, 1859. in-4. Très belle épreuve.

221 — Portrait de Femme. — Hommeassis dans un cabinet de travail. Deux lithographies. Belles épreuves.

Willie (I. G.)

222 — La Cuisinière Hollandaise (Le B. 113). — La Gazetière Hollandaise (114). Deux p., in-fol., d'après Metzu et Terburg, faisant pendants. Très belles épreuves, grandes marges.

Zilcken (Phil.)

223 — Paysage d'hiver. Petite pointe sêche, Belle épreuve.

224 — Sous ce nº il sera vendu par lots environ 5.000 portraits et 1.000 estampes diverses.

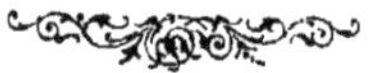

Imp. A. Charles. 26. Rue Rambuteau, Paris

www.ingramcontent.com/pod-product-compliance
Ingram Content Group UK Ltd.
Pitfield, Milton Keynes, MK11 3LW, UK
UKHW020520180726
13839UKWH00005B/2212

9 782329 538488